CINQUANTIÈME ANNIVERSAIRE

DU MARIAGE DE

M. ET Mme CHARIÉ-MARSAINES

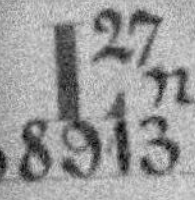

CINQUANTIÈME ANNIVERSAIRE

DU MARIAGE DE

M. ET Mᵐᵉ CHARIÉ-MARSAINES

ALLOCUTION

DE M. L'ABBÉ BONNOT

CURÉ-DOYEN DE CORBIGNY

Vénérables Époux !

La démarche que vous faites aujourd'hui au pied des saints autels est touchante et solennelle. Que de précieux souvenirs elle rappelle en ce moment à vos cœurs reconnaissants !

Depuis que Dieu, par la main de son ministre si regretté et si estimé de votre famille, a béni votre alliance, quelle longue suite de faveurs et de grâces privilégiées ont été versées sur vos jours !

Avec la prospérité des biens matériels, Dieu vous a départi les joies d'une famille dévouée, affectueuse, et les vertus morales qui font le bonheur de votre union.

Les peines inséparables de l'existence, qui ne s'aggravent que trop souvent dans le mariage et avec les années, Dieu vous les a épargnées en vous donnant une verte vieillesse; et si, parfois, il a permis qu'il y eût dans votre vie quelque tristesse, il a su vous faire trouver la consolation dans la sainteté de votre alliance et dans la tendre sollicitude que vous avez l'un envers l'autre.

Fidèles à rendre au Seigneur tous vos devoirs, vous êtes (nous sommes heureux de le proclamer bien haut) le modèle des unions vraiment chrétiennes.

Vous avez su bénir le Ciel, qui vous protégeait visiblement, et cette bénédiction est retombée plus riche et plus abondante sur vos cœurs ; aussi, plus heureux que tant d'autres qui pleurent un veuvage attristé, vous êtes les privilégiés de la Providence.

Seuls, en effet, ou presque seuls parmi ceux qui ont contracté mariage dans cette paroisse il y a cinquante ans, vous pouvez venir ensemble rendre grâces à Dieu d'un si grand bienfait.

Vous ne cesserez pas, nous le savons bien, de vous rappeler que vous êtes les enfants de Dieu, et vous ne lui ménagerez pas votre reconnaissance.

Continuez à vivre heureux ensemble pour bénir le Seigneur de ses dons et pour jouir encore des longs jours qu'il vous réserve.

L'Église en bénissant votre union avait dit :

« Qu'ils voient les enfants de leurs enfants. »

Ce vœu a été exaucé, et vous voyez accourir de loin vos chers enfants et petits-enfants, joyeux de former autour de vous une couronne d'honneur.

Semblables à de jeunes plants d'oliviers, nourris de vos leçons et soutenus par vos exemples, ils continueront les traditions d'honneur et de vertus héréditaires dans la famille.

D'autres, il est vrai, ont été moissonnés avant le temps. Oh! ne les plaignez pas et ne vous attristez point de leur départ! Fleurs du paradis! Le céleste jardinier, Notre-Seigneur a voulu les cueillir, de peur, dit l'Esprit-Saint, que le souffle du monde mauvais ne ternît leur innocence. Frères et sœurs des anges, ils bénissent la bonté de Dieu et sourient du haut du ciel à leurs parents attristés!

Dieu vous a donné la joie de célébrer vos noces d'or en présence de vos chers enfants et petits-enfants, en présence de vos nombreux parents et amis, heureux d'assister à cette fête.

Il y a pour vous une autre joie, peut-être unique en un siècle et dans une famille. C'est de voir en un tel moment, à vos côtés, votre vénéré père, quasi centenaire, pour lequel nous demandons à Dieu mille bénédictions, et auquel nous disons de tout cœur, en interprétant les sentiments de l'assistance si sympathique : *Ad multos annos!* Que Dieu daigne lui accorder encore de longs jours !

Vivez donc, vous aussi, vivez longtemps, pour le bonheur de vos chers enfants, pour l'édification de la paroisse et la joie de tous vos amis!

Pendant que vous renouvellerez les serments de votre jeunesse, tous ensemble nous demanderons à Dieu de vous continuer longtemps encore une vieillesse heureuse, honorée, en attendant qu'il vous ouvre les portes de l'Éternité bienheureuse.

TOAST

DE M. PAUL GUILLEMAIN

INSPECTEUR GÉNÉRAL DES PONTS ET CHAUSSÉES

Mes chers Parents et Amis,

Nous avons eu la rare bonne fortune de voir tout à l'heure à l'église, malgré des vides, hélas ! trop nombreux, quatre générations réunies dans une pensée commune d'actions de grâces, depuis l'aïeul vénéré qui a vu le siècle dernier, jusqu'aux jeunes enfants qui ne voient que la fin de celui-ci. — A présent, réunis autour de cette table hospitalière, je vous propose, avant tout, de boire à nos hôtes bien-aimés.

Ce n'est pas seulement leurs noces d'or et un anniversaire béni de Dieu que nous fêtons en ce moment. — C'est aussi toute une vie de travail, de vertu, de dévouement, d'honneur ; — c'est une union d'un demi-siècle sans un nuage ; — c'est une tendresse réciproque qui ne s'est jamais un instant démentie, et dont, tous les jours encore, nous avons sous les yeux le très touchant spectacle.

Au ménage modèle !

A Monsieur et Madame Charié-Marsaines !

MA CINQUANTAINE

PAR M. CHARIÉ-MARSAINES

Lorsqu'au pied des autels deux âmes fortunées,
D'un amour mutuel échangeant les serments,
Viennent, aux yeux de tous, joindre leurs destinées
D'un lien qui doit durer tant que durent leurs ans,
Qui peut, même au milieu des douces espérances
    Du plus souriant avenir,
    Envisager toutes leurs chances
    Sans sentir son cœur tressaillir?
    Dans les durs sentiers de la vie,
Enfants, soutenez-vous; soyez unis toujours
    Pour la santé, la maladie,
    Pour les bons, pour les mauvais jours.
Pourtant combien de vous succombent à la peine!
Combien voyent leur course arrêtée au matin!
Aussi comment de Dieu ne pas bénir la main,
Quand il permet, malgré les ronces du chemin,
    Qu'on arrive à la cinquantaine?
Certes, c'est à bon droit que nos sages aïeux
Ont nommé « Noces d'Or » ce rare anniversaire,
Car, lorsque nous jetons nos regards en arrière,
Est-il un souvenir plus doux, plus précieux?
Pour moi, lorsque je viens à porter ma pensée

Vers l'antique logis, modeste d'ornements,

    Où de ma douce fiancée

    S'écoulèrent les jeunes ans ;

    Quand mon esprit se représente

    De ce jour la pompe touchante

    Où, sous les splendeurs d'un beau ciel,

    Entre les deux chefs de famille

    La modeste et charmante fille

    Marchait à pas lents vers l'autel,

Je crois entendre encor la parole émouvante

Du ministre de Dieu qui, pour mieux nous bénir,

Faisait luire à nos yeux cette loi bienfaisante

Du devoir, du bonheur unis pour l'avenir.

    Sa parole s'est confirmée :

J'ai, sans trop le sentir, porté le poids des ans,

    Car ma compagne bien-aimée

Pour moi d'un demi-siècle a su faire un printemps ;

Et bénédiction de tous tant désirée,

    De mes enfants, de mes petits-enfants,

    Quand je vois ma table entourée,

    Pourrais-je bien rester l'âme fermée

Sans élever à Dieu mes vœux reconnaissants,

Non pourtant sans donner une triste pensée

    A l'ange regretté de tous [1]

    De qui la gracieuse image

    Plane encore au milieu de nous,

    Et non aussi sans rendre hommage

    Au patriarche vénéré [2]

[1] Mademoiselle Marie Clorie-Marsaines.

[2] M. Guenot-Grandpre.

Dont la saine et verte vieillesse,
L'esprit si vif encor de tous est admiré
    Et permet à notre tendresse
L'espoir de voir en lui Chevreul renouvelé ?

    Chers amis, de mon bavardage
    Veuillez excuser la longueur ;
Mais songez que pour l'homme appesanti par l'âge,
    Causer est encore un bonheur.
La bouche sans effort parle avec abondance
Quand le cœur est rempli des plus doux sentiments,
Et voyant tant de soins embellir mes vieux ans,
Voyant autour de moi ma femme, mes enfants,
De chers et bons amis saluant la présence,
De ma bouche peut-il sortir d'autres accents
    Que ceux de la reconnaissance ?

UN HEUREUX COUPLE

PAR M. GUSTAVE CHARIÉ-MARSAINES

Entre Gien, Nevers et Cercy
J'ai commis les vers que voici :
C'en est suffisamment, je pense,
Pour avoir droit à l'indulgence.

Loin de Paris, loin d'Israël,
Loin aussi de la Tour Eiffel,
De la haute cour de justice
Et de la foire au pain d'épice.

Je suis venu pour célébrer
Une idylle extraordinaire.
Combien en a-t-on vu durer
Jusqu'au jour du cinquantenaire ?

Voici pourtant ces deux époux,
Par un précieux privilège
Montrant que le ciel les protège,
Exacts à ce doux rendez-vous.

Ils furent heureux l'un par l'autre ;
En pouvait-il être autrement
Alors que l'un complète l'autre ?
Elle a choisi l'honneur, et lui le dévouement !

N'ayant jamais connu l'orage,
Ils ignorent même..... le nuage,
Et sont restés toujours unis
Durant ces jours de Dieu bénis.

Ils ont trouvé, sans aucun doute,
Plus d'une épine sur la route ;
Mais porter les peines à deux,
N'est-ce point encor être heureux ?

Ayons espoir et confiance
En la divine Providence
Qui les voudra longtemps encor
Bénir après ces noces d'or,

Et puisse ce couple fidèle,
Cet idéal de deux époux,
Être encor dans vingt ans pour nous
Un heureux et touchant modèle !

Enfin laissez-moi, finissant,
Noter qu'ils ont (miracle surprenant !)
Obtenu dans ce jour de faire
Chanter l'hymen par un célibataire !

Corbigny, le 29 avril 1889.

PARIS. — TYPOGRAPHIE DE E. PLON, NOURRIT ET Cⁱᵉ, RUE GARANCIÈRE, 8.

PARIS. TYPOGRAPHIE DE E. PLON, NOURRIT ET Cie

RUE GARANCIÈRE, 8.